# 目錄

論語……一

掃一掃聽有聲經典

音頻二維碼

# 論語

## 學而篇第一

子曰學而時習之不亦説乎有朋自遠方來不亦樂乎人不知而不慍不亦君子乎

有子曰其爲人也孝弟而好犯上者鮮矣不好犯上而好作亂者未之有也君子務本本立而道生孝弟也者其爲仁之本與

子曰巧言令色鮮矣仁

曾子曰吾日三省吾身爲人謀而不忠

乎。與朋友交而不信乎。傳不習乎。

子曰。道千乘之國。敬事而信。節用而愛人。使民以時。

子曰。弟子。入則孝。出則弟。謹而信。泛愛衆而親仁。行有餘力。則以學文。

子夏曰。賢賢易色。事父母。能竭其力。事君。能致其身。與朋友交。言而有信。雖曰未學。吾必謂之學矣。

子曰。君子不重則不威。學則不固。主忠

信無友不如己者過則勿憚改

曾子曰慎終追遠民德歸厚矣

子禽問於子貢曰夫子至於是邦也必聞其政求之與抑與之與子貢曰夫子溫良恭儉讓以得之夫子之求之也其諸異乎人之求之與

子曰父在觀其志父沒觀其行三年無改於父之道可謂孝矣

有子曰禮之用和爲貴先王之道斯爲

美小大由之有所不行知和而和不以禮節之亦
不可行也
有子曰信近於義言可復也恭近於禮遠
恥辱也因不失其親亦可宗也
子曰君子食無求飽居無求安敏於事
而慎於言就有道而正焉可謂好學也已
子貢曰貧而無諂富而無驕何如子曰可
也未若貧而樂富而好禮者也
子貢曰詩云如切如磋如琢如磨其斯

之謂與。子曰。賜也。始可與言詩已矣。告諸往而知來者。

子曰。不患人之不己知。患不知人也。

# 爲政篇第二

子曰．爲政以德．譬如北辰．居其所而衆星共之．

子曰．詩三百．一言以蔽之．曰．思無邪．

子曰．道之以政．齊之以刑．民免而無恥．道之以德．齊之以禮．有恥且格．

子曰．吾十有五而志於學．三十而立．四十而不惑．五十而知天命．六十而耳順．七十而從心所欲．不逾矩．

孟懿子問孝。子曰：無違。

樊遲御，子告之曰：孟孫問孝於我，我對曰：無違。樊遲曰：何謂也？子曰：生，事之以禮；死，葬之以禮，祭之以禮。

孟武伯問孝。子曰：父母唯其疾之憂。

子游問孝。子曰：今之孝者，是謂能養。至於犬馬，皆能有養；不敬，何以別乎？

子夏問孝。子曰：色難。有事，弟子服其勞；有酒食，先生饌，曾是以爲孝乎？

子曰．吾與回言終日．不違．如愚．退而省其私．亦足以發．回也不愚．

子曰．視其所以．觀其所由．察其所安．人焉廋哉．人焉廋哉．

子曰．温故而知新．可以爲師矣．

子曰．君子不器．

子貢問君子．子曰．先行其言而後從之．

子曰．君子周而不比．小人比而不周．

子曰．學而不思則罔．思而不學則殆．

子曰。攻乎異端。斯害也已。

子曰。由。誨女知之乎。知之爲知之。不知爲不知。是知也。

子張學幹禄。子曰。多聞闕疑。慎言其餘。則寡尤。多見闕殆。慎行其餘。則寡悔。言寡尤。行寡悔。禄在其中矣。

哀公問曰。何爲則民服。孔子對曰。舉直錯諸枉。則民服。舉枉錯諸直。則民不服。

季康子問。使民敬忠以勸。如之何。子曰。臨

之以莊則敬孝慈則忠舉善而教不能則勸

或謂孔子曰子奚不爲政子曰書云孝乎惟孝友於兄弟施於有政是亦爲政奚其爲爲政

子曰人而無信不知其可也大車無輗小車無軏其何以行之哉

子張問十世可知也子曰殷因於夏禮所損益可知也周因於殷禮所損益可知也其或繼周者雖百世可知也

子曰。非其鬼而祭之。諂也。見義不爲。無勇也。

# 八佾篇第三

孔子謂季氏．八佾舞於庭．是可忍也．孰不可忍也．

三家者以雍徹．子曰．相維辟公．天子穆穆．奚取於三家之堂．

子曰．人而不仁．如禮何．人而不仁．如樂何．

林放問禮之本．子曰．大哉問．禮．與其奢也．寧儉．喪．與其易也．寧戚．

子曰．夷狄之有君．不如諸夏之亡也．

季氏旅於泰山。子謂冉有曰。女弗能救
與。對曰。不能。子曰。嗚呼。曾謂泰山不如林放乎。
子曰。君子無所爭。必也射乎。揖讓而升。下
而飲。其爭也君子。
子夏問曰。巧笑倩兮。美目盼兮。素以爲
絢兮。何謂也。子曰。繪事後素。
曰。禮後乎。子曰。起予者商也。始可與言
詩已矣。
子曰。夏禮吾能言之。杞不足徵也。殷禮。吾

能言之。宋不足徵也。文獻不足故也。足。則吾能徵之矣。

子曰。禘自既灌而往者。吾不欲觀之矣。

或問禘之說。子曰。不知也。知其說者之於天下也。其如示諸斯乎。指其掌。

祭如在。祭神如神在。子曰。吾不與祭。如不祭。

王孫賈問曰。與其媚於奧。寧媚於竈。何謂也。子曰。不然。獲罪於天。無所禱也。

子曰。周監於二代。鬱鬱乎。文哉。吾從周。

子入太廟每事問或曰孰謂鄹人之子
知禮乎入太廟每事問子聞之曰是禮也
子曰射不主皮爲力不同科古之道也
子貢欲去告朔之餼羊子曰賜也爾愛
其羊我愛其禮
子曰事君盡禮人以爲諂也
定公問君使臣臣事君如之何孔子對曰君
使臣以禮臣事君以忠
子曰關雎樂而不淫哀而不傷

哀公問社於宰我。宰我對曰：夏后氏以松，殷人以柏，周人以栗，曰使民戰栗。子聞之曰：成事不説，遂事不諫，既往不咎。

子曰：管仲之器小哉。或曰：管仲儉乎？曰：管氏有三歸，官事不攝，焉得儉？然則管仲知禮乎？曰：邦君樹塞門，管氏亦樹塞門；邦君爲兩君之好，有反坫，管氏亦有反坫。管氏而知禮，孰不知禮？

子語魯大師樂曰樂其可知也始作翕如也從之純如也皦如也繹如也以成

儀封人請見曰君子之至於斯也吾未嘗不得見也從者見之出曰二三子何患於喪乎天下之無道也久矣天將以夫子爲木鐸

子謂韶盡美矣又盡善也謂武盡美矣未盡善也

子曰居上不寬爲禮不敬臨喪不哀吾何以觀之哉

## 里仁篇第四

子曰。里仁爲美。擇不處仁。焉得知。

子曰。不仁者不可以久處約。不可以長處樂。仁者安仁。知者利仁。

子曰。唯仁者能好人。能惡人。

子曰。苟志於仁矣。無惡也。

子曰。富與貴是人之所欲也。不以其道得之。不處也。貧與賤是人之所惡也。不以其道得之。不去也。君子去仁。惡乎成名。君子無終食之間違仁。造次必於是。顛沛必於是。

子曰。我未見好仁者。惡不仁者。好仁者。無以尚之。惡不仁者。其爲仁矣。不使不仁者加乎其身。有能一日用其力於仁矣乎。我未見力不足者。蓋有之矣。我未之見也。

子曰。人之過也。各於其黨。觀過。斯知仁矣。

子曰。朝聞道。夕死可矣。

子曰。士志於道。而恥惡衣惡食者。未足與議也。

子曰．君子之於天下也．無適也．無莫也．義之與比．

子曰．君子懷德．小人懷土．君子懷刑．小人懷惠．

子曰．放於利而行．多怨．

子曰．能以禮讓爲國乎．何有．不能以禮讓爲國．如禮何．

子曰．不患無位．患所以立．不患莫己知．求爲可知也．

子曰。參乎。吾道一以貫之。曾子曰。唯。

子出。門人問曰。何謂也。曾子曰。夫子之道。忠恕而已矣。

子曰。君子喻於義。小人喻於利。

子曰。見賢思齊焉。見不賢而内自省也。

子曰。事父母幾諫。見志不從。又敬不違。勞而不怨。

子曰。父母在。不遠游。游必有方。

子曰。三年無改於父之道。可謂孝矣。

子曰：父母之年，不可不知也。一則以喜，一則以懼。

子曰：古者言之不出，恥躬之不逮也。

子曰：以約失之者鮮矣。

子曰：君子欲訥於言而敏於行。

子曰：德不孤，必有鄰。

子游曰：事君數，斯辱矣；朋友數，斯疏矣。

公冶長篇第五

子謂公冶長。可妻也。雖在縲絏之中。非其罪也。以其子妻之。

子謂南容。邦有道。不廢。邦無道。免於刑戮。以其兄之子妻之。

子謂子賤。君子哉若人。魯無君子者。斯焉取斯。

子貢問曰。賜也何如。子曰。女器也。曰。何器也。曰。瑚璉也。

或曰．雍也仁而不佞．子曰．焉用佞．禦人以口給．屢憎於人．不知其仁．焉用佞．

子使漆雕開仕．對曰．吾斯之未能信．子説．

子曰．道不行．乘桴浮於海．從我者其由與．子路聞之喜．子曰．由也好勇過我．無所取材．

孟武伯問．子路仁乎．子曰．不知也．又問．子曰．由也．千乘之國．可使治其賦也．不知其仁也．

求也何如．子曰．求也．千室之邑．百乘之家．可使爲之宰也．不知其仁也．

赤也何如。子曰。赤也。束帶立於朝。可使與賓客言也。不知其仁也。

子謂子貢曰。女與回也。孰愈。對曰。賜也何敢望回。回也聞一以知十。賜也聞一以知二。子曰。弗如也。吾與女弗如也。

宰予晝寢。子曰。朽木不可雕也。糞土之墻不可杇也。於予與何誅。子曰。始吾於人也。聽其言而信其行。今吾於人也。聽其言而觀其行。於予與改是。

子曰．吾未見剛者．或對曰．申棖．子曰．棖也欲．焉得剛．

子貢曰．我不欲人之加諸我也．吾亦欲無加諸人．子曰．賜也．非爾所及也．

子貢曰．夫子之文章．可得而聞也．夫子之言性與天道．不可得而聞也．

子路有聞．未之能行．唯恐有聞．

子貢問曰．孔文子何以謂之文也．子曰．敏而好學．不恥下問．是以謂之文也．

子謂子產有君子之道四焉其行己也恭
其事上也敬其養民也惠其使民也義

子曰晏平仲善與人交久而敬之

子曰臧文仲居蔡山節藻梲何如其知也

子張問曰令尹子文三仕爲令尹無喜
色三已之無慍色舊令尹之政必以告新令
尹何如子曰忠矣曰仁矣乎曰未知焉得仁

崔子弑齊君陳文子有馬十乘棄而違
之至於他邦則曰猶吾大夫崔子也違之之

一邦則又曰猶吾大夫崔子也違之何如子曰清矣曰仁矣乎曰未知焉得仁

季文子三思而後行子聞之曰再斯可矣

子曰寧武子邦有道則知邦無道則愚其知可及也其愚不可及也

子在陳曰歸與歸與吾黨之小子狂簡斐然成章不知所以裁之

子曰伯夷叔齊不念舊惡怨是用希

子曰孰謂微生高直或乞醯焉乞諸其

鄰而與之。

子曰：巧言、令色、足恭，左丘明恥之，丘亦恥之。匿怨而友其人，左丘明恥之，丘亦恥之。

顏淵、季路侍。子曰：盍各言爾志。

子路曰：願車馬衣輕裘與朋友共，敝之而無憾。

顏淵曰：願無伐善，無施勞。

子路曰：願聞子之志。

子曰：老者安之，朋友信之，少者懷之。

子曰。已矣乎。吾未見能見其過而內自訟者也。

子曰。十室之邑。必有忠信如丘者焉。不如丘之好學也。

# 雍也篇第六

子曰。雍也可使南面。

仲弓問子桑伯子。子曰。可也簡。

仲弓曰。居敬而行簡。以臨其民。不亦可乎。居簡而行簡。無乃大簡乎。子曰。雍之言然。

哀公問。弟子孰爲好學。孔子對曰。有顏回者好學。不遷怒。不貳過。不幸短命死矣。今也則亡。未聞好學者也。

子華使於齊。冉子爲其母請粟。子曰。與

之釜．
請益．曰．與之庾．
冉子與之粟五秉．
子曰．赤之適齊也．乘肥馬．衣輕裘．吾聞之也．君子周急不繼富．
原思爲之宰．與之粟九百．辭．子曰．毋．以與爾鄰里鄉黨乎．
子謂仲弓．曰．犁牛之子騂且角．雖欲勿用．山川其捨諸．

子曰回也其心三月不違仁其余則日月至焉而已矣

季康子問仲由可使從政也與子曰由也果於從政乎何有

曰賜也可使從政也與曰賜也達於從政乎何有

曰求也可使從政也與曰求也藝於從政乎何有

季氏使閔子騫爲費宰閔子騫曰善爲我

辭焉。如有復我者。則吾必在汶上矣。

伯牛有疾。子問之。自牖執其手。曰。亡之。命矣夫。斯人也而有斯疾也。斯人也而有斯疾也。

子曰。賢哉。回也。一簞食。一瓢飲。在陋巷。人不堪其憂。回也不改其樂。賢哉。回也。

冉求曰。非不說子之道。力不足也。子曰。力不足者。中道而廢。今女畫。

子謂子夏曰。女爲君子儒。無爲小人儒。

子游爲武城宰。子曰。女得人焉爾乎。曰。有澹臺滅明者。行不由徑。非公事。未嘗至於偃之室也。

子曰。孟之反不伐。奔而殿。將入門。策其馬曰。非敢後也。馬不進也。

子曰。不有祝鮀之佞。而有宋朝之美。難乎免於今之世矣。

子曰。誰能出不由戶。何莫由斯道也。

子曰。質勝文則野。文勝質則史。文質彬彬。然後君子。

子曰。人之生也直。罔之生也幸而免。

子曰。知之者不如好之者。好之者不如樂之者。

子曰。中人以上。可以語上也。中人以下。不可以語上也。

樊遲問知。子曰。務民之義。敬鬼神而遠之。可謂知矣。問仁。曰。仁者先難而後獲。可謂仁矣。

子曰。知者樂水。仁者樂山。知者動。仁者

靜。知者樂。仁者壽。

子曰。齊一變。至於魯。魯一變。至於道。

子曰。觚不觚。觚哉。觚哉。

宰我問曰。仁者。雖告之曰。井有仁焉。其從之也。子曰。何爲其然也。君子可逝也。不可陷也。可欺也。不可罔也。

子曰。君子博學於文。約之以禮。亦可以弗畔矣夫。

子見南子。子路不說。夫子矢之曰。予所

否者，天厭之，天厭之。

子曰：中庸之爲德也，其至矣乎。民鮮久矣。

子貢曰：如有博施於民而能濟衆，何如？可謂仁乎？子曰：何事於仁，必也聖乎！堯舜其猶病諸。夫仁者，己欲立而立人，己欲達而達人。能近取譬，可謂仁之方也已。

# 述而篇第七

子曰。述而不作。信而好古。竊比於我老彭。

子曰。默而識之。學而不厭。誨人不倦。何有於我哉。

子曰。德之不修。學之不講。聞義不能徙。不善不能改。是吾憂也。

子之燕居。申申如也。夭夭如也。

子曰。甚矣吾衰也。久矣吾不復夢見周公。

子曰。志於道。據於德。依於仁。游於藝。

子曰。自行束脩以上。吾未嘗無誨焉。

子曰。不憤不啓。不悱不發。舉一隅不以三隅反。則不復也。

子食於有喪者之側。未嘗飽也。

子於是日哭。則不歌。

子謂顏淵曰。用之則行。捨之則藏。惟我與爾有是夫。

子路曰。子行三軍。則誰與。

子曰。暴虎馮河。死而無悔者。吾不與也。必也臨事而懼。好謀而成者也。

子曰。富而可求也。雖執鞭之士。吾亦爲之。如不可求。從吾所好。

子之所愼。齊。戰。疾。

子在齊聞韶。三月不知肉味。曰。不圖爲樂之至於斯也。

冉有曰。夫子爲衞君乎。子貢曰。諾。吾將問之。

入。曰。伯夷。叔齊何人也。曰。古之賢人也。曰。怨乎。曰。求仁而得仁。又何怨。

出。曰。夫子不爲也。

子曰。飯疏食飲水。曲肱而枕之。樂亦在其中矣。不義而富且貴。於我如浮雲。

子曰。加我數年。五十以學易。可以無大過矣。

子所雅言。詩。書。執禮。皆雅言也。

葉公問孔子於子路。子路不對。

子曰。女奚不曰。其爲人也。發憤忘食。樂

以忘憂。不知老之將至云爾。

子曰。我非生而知之者。好古。敏以求之者也。

子不語怪。力。亂。神。

子曰。三人行。必有我師焉。擇其善者而從之。其不善者而改之。

子曰。天生德於予。桓魋其如予何。

子曰。二三子以我爲隱乎。吾無隱乎爾。吾無行而不與二三子者。是丘也。

子以四教。文。行。忠。信。

子曰。聖人。吾不得而見之矣。得見君子者。斯可矣。

子曰。善人。吾不得而見之矣。得見有恒者。斯可矣。亡而爲有。虛而爲盈。約而爲泰。難乎有恒矣。

子釣而不綱。弋不射宿。

子曰。蓋有不知而作之者。我無是也。多聞。擇其善者而從之。多見而識之。知之次也。

互鄉難與言童子見門人惑子曰與其進也不與其退也唯何甚人潔己以進與其潔也不保其往也

子曰仁遠乎哉我欲仁斯仁至矣

陳司敗問昭公知禮乎孔子曰知禮孔子退揖巫馬期而進之曰吾聞君子不黨君子亦黨乎君取於吴爲同姓謂之吴孟子君而知禮孰不知禮巫馬期以告子曰丘也幸苟有過人必知之

子與人歌而善。必使反之。而後和之。

子曰。文莫吾猶人也。躬行君子。則吾未之有得。

子曰。若聖與仁。則吾豈敢。抑爲之不厭。誨人不倦。則可謂云爾已矣。公西華曰。正唯弟子不能學也。

子疾病。子路請禱。子曰。有諸。子路對曰。有之。誄曰。禱爾於上下神祇。子曰。丘之禱久矣。

子曰。奢則不孫。儉則固。與其不孫也。寧固。

子曰。君子坦蕩蕩。小人長戚戚。

子温而厲。威而不猛。恭而安。

## 泰伯篇第八

子曰。泰伯其可謂至德也已矣。三以天下讓。民無得而稱焉。

子曰。恭而無禮則勞。慎而無禮則葸。勇而無禮則亂。直而無禮則絞。君子篤於親。則民興於仁。故舊不遺。則民不偷。

曾子有疾。召門弟子曰。啓予足。啓予手詩云。戰戰兢兢。如臨深淵。如履薄冰。而今而後。吾知免夫。小子。

曾子有疾，孟敬子問之。曾子言曰：鳥之將死，其鳴也哀；人之將死，其言也善。君子所貴乎道者三：動容貌，斯遠暴慢矣；正顏色，斯近信矣；出辭氣，斯遠鄙倍矣。籩豆之事，則有司存。

曾子曰：以能問於不能，以多問於寡；有若無，實若虛，犯而不校。昔者吾友嘗從事於斯矣。

曾子曰：可以托六尺之孤，可以寄百里之命，臨大節而不可奪也。君子人與？君子人也。

曾子曰：士不可以不弘毅，任重而道遠。仁

以爲己任·不亦重乎·死而後已·不亦遠乎·

子曰·興於詩·立於禮·成於樂·

子曰·民可使由之·不可使知之·

子曰·好勇疾貧·亂也·人而不仁·疾之已

甚·亂也·

子曰·如有周公之才之美·使驕且吝·其

餘不足觀也已·

子曰·三年學·不至於穀·不易得也·

子曰·篤信好學·守死善道·危邦不入·亂

邦不居。天下有道則見。無道則隱。邦有道。貧且賤焉。恥也。邦無道。富且貴焉。恥也。

子曰。不在其位。不謀其政。

子曰。師摯之始。關雎之亂。洋洋乎盈耳哉。

子曰。狂而不直。侗而不願。悾悾而不信。吾不知之矣。

子曰。學如不及。猶恐失之。

子曰。巍巍乎。舜禹之有天下也。而不與焉。

子曰。大哉堯之爲君也。巍巍乎。唯天爲

大。唯堯則之。蕩蕩乎。民無能名焉。巍巍乎其有成功也。煥乎其有文章。

舜有臣五人而天下治。武王曰。予有亂臣十人。孔子曰。才難。不其然乎。唐虞之際。於斯爲盛。有婦人焉。九人而已。三分天下有其二。以服事殷。周之德。其可謂至德也已矣。

子曰。禹。吾無間然矣。菲飲食而致孝乎鬼神。惡衣服而致美乎黻冕。卑宮室而盡力乎溝洫。禹。吾無間然矣。

# 子罕篇第九

子罕言利與命與仁。

達巷黨人曰：大哉孔子！博學而無所成名。子聞之，謂門弟子曰：吾何執？執御乎？執射乎？吾執御矣。

子曰：麻冕，禮也；今也純，儉，吾從衆。拜下，禮也；今拜乎上，泰也。雖違衆，吾從下。

子絶四：毋意，毋必，毋固，毋我。

子畏於匡，曰：文王既没，文不在兹乎？天

之將喪斯文也。後死者不得與於斯文也。天之未喪斯文也。匡人其如予何。

太宰問於子貢曰。夫子聖者與。何其多能也。子貢曰。固天縱之將聖。又多能也。

子聞之。曰。太宰知我乎。吾少也賤。故多能鄙事。君子多乎哉。不多也。

牢曰。子云。吾不試。故藝。

子曰。吾有知乎哉。無知也。有鄙夫問於我。空空如也。我叩其兩端而竭焉。

子曰鳳鳥不至河不出圖吾已矣夫

子見齊衰者冕衣裳者與瞽者見之雖少必作過之必趨

顏淵喟然嘆曰仰之彌高鑽之彌堅瞻之在前忽焉在後夫子循循然善誘人博我以文約我以禮欲罷不能既竭吾才如有所立卓爾雖欲從之末由也已

子疾病子路使門人爲臣病間曰久矣哉由之行詐也無臣而爲有臣吾誰欺欺天

乎。且予與其死於臣之手也，無寧死於二三子之手乎。且予縱不得大葬，予死於道路乎。

子貢曰：有美玉於斯，韞櫝而藏諸，求善賈而沽諸。子曰：沽之哉，沽之哉，我待賈者也。

子欲居九夷。或曰：陋，如之何。子曰：君子居之，何陋之有。

子曰：吾自衛反魯，然後樂正，雅頌各得其所。

子曰：出則事公卿，入則事父兄，喪事不

敢不勉，不爲酒困，何有於我哉。

子在川上，曰：逝者如斯夫，不捨晝夜。

子曰：吾未見好德如好色者也。

子曰：譬如爲山，未成一簣，止，吾止也；譬如平地，雖覆一簣，進，吾往也。

子曰：語之而不惰者，其回也與。

子謂顔淵，曰：惜乎，吾見其進也，未見其止也。

子曰：苗而不秀者有矣夫，秀而不實者有矣夫。

子曰。後生可畏。焉知來者之不如今也。四十五十而無聞焉。斯亦不足畏也已。

子曰。法語之言。能無從乎。改之爲貴。巽與之言。能無說乎。繹之爲貴。說而不繹。從而不改。吾末如之何也已矣。

子曰。主忠信。毋友不如己者。過則勿憚改。

子曰。三軍可奪帥也。匹夫不可奪志也。

子曰。衣敝縕袍。與衣狐貉者立。而不恥者。其由也與。不忮不求。何用不臧。子路終身誦之。子曰：是道也，何足以臧。

子曰：歲寒，然後知松柏之後雕也。

子曰：知者不惑，仁者不憂，勇者不懼。

子曰：可與共學，未可與適道；可與適道，未可與立；可與立，未可與權。

唐棣之華，偏其反而。豈不爾思？室是遠而。子曰：未之思也，夫何遠之有。

# 鄉黨篇第十

孔子於鄉黨，恂恂如也，似不能言者。其在宗廟朝廷，便便言，唯謹爾。

朝，與下大夫言，侃侃如也；與上大夫言，誾誾如也。君在，踧踖如也，與與如也。

君召使擯，色勃如也，足躩如也。揖所與立，左右手，衣前後，襜如也。趨進，翼如也。賓退，必復命曰：「賓不顧矣。」

入公門，鞠躬如也，如不容。

立不中門．行不履閾．

過位色勃如也．足躩如也．其言似不足者．

攝齊升堂鞠躬如也．屏氣似不息者．

出降一等逞顏色怡怡如也．

没階趨進翼如也．

復其位踧踖如也．

執圭鞠躬如也．如不勝．上如揖．下如授．勃

如戰色．足蹜蹜如有循．享禮有容色．

私覿愉愉如也．

君子不以紺緅飾。紅紫不以爲褻服。

當暑袗絺綌。必表而出之。

緇衣羔裘。素衣麑裘。黃衣狐裘。

褻裘長。短右袂。

必有寢衣。長一身有半。

狐貉之厚以居。

去喪。無所不佩。

非帷裳。必殺之。

羔裘玄冠不以吊。

吉月。必朝服而朝。

齊。必有明衣。布。

齊必變食。居必遷坐。

食不厭精。膾不厭細。

食饐而餲。魚餒而肉敗。不食。色惡。不食。臭惡。不食。失飪。不食。不時。不食。割不正。不食。不得其醬。不食。

肉雖多。不使勝食氣。惟酒無量。不及亂。

沽酒市脯不食。

不撤薑食。不多食。

祭於公。不宿肉。祭肉不出三日。出三日。不食之矣。

食不語。寢不言。

雖疏食菜羹。必祭。必齊如也。

席不正。不坐。

鄉人飲酒。杖者出。斯出矣。

鄉人儺。朝服而立於阼階。

問人於他邦。再拜而送之。

康子饋藥。拜而受之。曰。丘未達。不敢嘗。
廄焚。子退朝。曰。傷人乎。不問馬。
君賜食。必正席先嘗之。君賜腥。必熟而
薦之。君賜生。必畜之。
侍食於君。君祭。先飯。
疾。君視之。東首。加朝服。拖紳。
君命召。不俟駕行矣。
入太廟。每事問。
朋友死。無所歸。曰。於我殯。

朋友之饋，雖車馬，非祭肉，不拜。

寢不尸，居不客。

見齊衰者，雖狎必變。見冕者與瞽者，雖褻必以貌。

凶服者式之。式負版者。

有盛饌，必變色而作。

迅雷風烈必變。

升車，必正立，執綏。

車中不内顧，不疾言，不親指。

色斯舉矣，翔而後集。曰：山梁雌雉，時哉時哉。子路共之，三嗅而作。

# 先進篇第十一

子曰．先進於禮樂．野人也．後進於禮樂．君子也．如用之．則吾從先進．

子曰．從我於陳蔡者．皆不及門也．

德行．顔淵．閔子騫．冉伯牛．仲弓．言語．宰我．子貢．政事．冉有．季路．文學．子游．子夏．

子曰．回也非助我者也．於吾言無所不說．

子曰．孝哉閔子騫．人不間於其父母昆弟之言．

南容三復白圭。孔子以其兄之子妻之。

季康子問：弟子孰爲好學？孔子對曰：有顔回者好學，不幸短命死矣。今也則亡。

顔淵死，顔路請子之車以爲之椁。子曰：才不才，亦各言其子也。鯉也死，有棺而無椁。吾不徒行以爲之椁。以吾從大夫之後，不可徒行也。

顔淵死。子曰：噫！天喪予！天喪予！

顔淵死，子哭之慟。從者曰：子慟矣。曰：有慟乎？非夫人之爲慟而誰爲？

顏淵死。門人欲厚葬之。子曰。不可。

門人厚葬之。子曰。回也視予猶父也。予不得視猶子也。非我也。夫二三子也。

季路問事鬼神。子曰。未能事人。焉能事鬼。曰。敢問死。曰。未知生。焉知死。

閔子侍側。誾誾如也。子路。行行如也。冉有。子貢。侃侃如也。子樂。若由也。不得其死然。

魯人爲長府。閔子騫曰。仍舊貫。如之何。何必改作。子曰。夫人不言。言必有中。

子曰。由之瑟奚爲於丘之門。門人不敬子路。子曰。由也升堂矣。未入於室也。

子貢問。師與商也孰賢。子曰。師也過。商也不及。

曰。然則師愈與。子曰。過猶不及。

季氏富於周公。而求也爲之聚斂而附益之。子曰。非吾徒也。小子鳴鼓而攻之可也。

柴也愚。參也魯。師也辟。由也喭。

子曰。回也其庶乎。屢空。賜不受命。而貨

殖焉。億則屢中。

子張問善人之道。子曰。不踐跡。亦不入於室。

子曰。論篤是與。君子者乎。色莊者乎。

子路問。聞斯行諸。子曰。有父兄在。如之何其聞斯行之。

冉有問。聞斯行諸。子曰。聞斯行之。

公西華曰。由也問聞斯行諸。子曰。有父兄在。求也問聞斯行諸。子曰。聞斯行之。赤也惑。敢問。子曰。求也退。故進之。由也兼人。故退之。

子畏於匡顏淵後子曰吾以女爲死矣曰
子在回何敢死
季子然問仲由冉求可謂大臣與子曰吾
以子爲異之問曾由與求之問所謂大臣者以
道事君不可則止今由與求也可謂具臣矣
曰然則從之者與子曰弒父與君亦不從也
子路使子羔爲費宰子曰賊夫人之子
子路曰有民人焉有社稷焉何必讀書然
後爲學

子曰。是故惡夫佞者。

子路。曾皙。冉有。公西華侍坐。

子曰。以吾一日長乎爾。毋吾以也。居則曰。不吾知也。如或知爾。則何以哉。

子路率爾而對曰。千乘之國。攝乎大國之間。加之以師旅。因之以饑饉。由也爲之。比及三年。可使有勇。且知方也。

夫子哂之。

求。爾何如。

對曰。方六七十。如五六十。求也爲之。比及三年。可使足民。如其禮樂。以俟君子。

赤爾何如。

對曰。非曰能之。願學焉。宗廟之事。如會同。端章甫。願爲小相焉。

點爾何如。

鼓瑟希。鏗爾。捨瑟而作。對曰。異乎三子者之撰。

子曰。何傷乎。亦各言其志也。

曰．莫春者．春服既成．冠者五六人．童子六七人．浴乎沂．風乎舞雩．詠而歸．夫子喟然嘆曰．吾與點也．三子者出．曾皙後．曾皙曰．夫三子者之言何如．

子曰．亦各言其志也已矣．

曰．夫子何哂由也．

曰．爲國以禮．其言不讓．是故哂之．

唯求則非邦也與．

安見方六七十如五六十而非邦也者。

唯赤則非邦也與。

宗廟會同，非諸侯而何。赤也爲之小，孰

能爲之大。

# 顏淵篇第十二

顏淵問仁子曰克己復禮爲仁一日克己復禮天下歸仁焉爲仁由己而由人乎哉

顏淵曰請問其目子曰非禮勿視非禮勿聽非禮勿言非禮勿動

顏淵曰回雖不敏請事斯語矣

仲弓問仁子曰出門如見大賓使民如承大祭己所不欲勿施於人在邦無怨在家無怨

仲弓曰雍雖不敏請事斯語矣

司馬牛問仁。子曰。仁者其言也訒。
曰。其言也訒。斯謂之仁已乎。子曰。爲之難。
言之得無訒乎。
司馬牛問君子。子曰。君子不憂不懼。
曰。不憂不懼。斯謂之君子已乎。子曰。内
省不疚。夫何憂何懼。
司馬牛憂曰。人皆有兄弟。我獨亡。子夏
曰。商聞之矣。死生有命。富貴在天。君子敬而
無失。與人恭而有禮。四海之内。皆兄弟也。君

子何患乎無兄弟也。

子張問明。子曰。浸潤之譖。膚受之愬。不行焉。可謂明也已矣。浸潤之譖。膚受之愬。不行焉。可謂遠也已矣。

子貢問政。子曰。足食。足兵。民信之矣。

子貢曰。必不得已而去。於斯三者何先。曰去兵。

子貢曰。必不得已而去。於斯二者何先。曰去食。自古皆有死。民無信不立。

棘子成曰。君子質而已矣。何以文爲。子貢曰。惜乎夫子之説君子也。駟不及舌。文猶質也。質猶文也。虎豹之鞟猶犬羊之鞟。

哀公問於有若曰。年饑。用不足。如之何。

有若對曰。盍徹乎。

曰。二。吾猶不足。如之何其徹也。

對曰。百姓足。君孰與不足。百姓不足。君孰與足。

子張問崇德辨惑。子曰。主忠信。徙義。崇

德也。愛之欲其生。惡之欲其死。既欲其生。又欲其死。是惑也。誠不以富。亦祇以異。

齊景公問政於孔子。孔子對曰。君君。臣臣。父父。子子。公曰。善哉。信如君不君。臣不臣。父不父。子不子。雖有粟。吾得而食諸。

子曰。片言可以折獄者。其由也與。子路無宿諾。

子曰。聽訟。吾猶人也。必也使無訟乎。

子張問政。子曰。居之無倦。行之以忠。

子曰。博學於文。約之以禮。亦可以弗畔矣夫。

子曰。君子成人之美。不成人之惡。小人反是。

季康子問政於孔子。孔子對曰。政者正也。子帥以正。孰敢不正。

季康子患盜。問於孔子。孔子對曰。苟子之不欲。雖賞之不竊。

季康子問政於孔子曰。如殺無道。以就有

道。何如。孔子對曰。子爲政。焉用殺。子欲善而民善矣。君子之德風。小人之德草。草上之風。必偃。

子張問。士何如斯可謂之達矣。子曰。何哉。爾所謂達者。子張對曰。在邦必聞。在家必聞。子曰。是聞也。非達也。夫達也者。質直而好義。察言而觀色。慮以下人。在邦必達。在家必達。夫聞也者。色取仁而行違。居之不疑。在邦必聞。在家必聞。

樊遲從游於舞雩之下。曰。敢問崇德。修慝。辨惑。子曰。善哉問。先事後得。非崇德與。攻其惡。無攻人之惡。非修慝與。一朝之忿。忘其身。以及其親。非惑與。

樊遲問仁。子曰。愛人。問知。子曰。知人。

樊遲未達。子曰。舉直錯諸枉。能使枉者直。

樊遲退。見子夏曰。鄉也吾見於夫子而問知。子曰。舉直錯諸枉。能使枉者直。何謂也。

子夏曰。富哉言乎。舜有天下。選於衆。舉

皐陶，不仁者遠矣。湯有天下，選於衆，舉伊尹，不仁者遠矣。」

子貢問友。子曰：「忠告而善道之，不可則止，毋自辱焉。」

曾子曰：「君子以文會友，以友輔仁。」

子路篇第十三

子路問政。子曰：先之勞之。請益。曰：無倦。

仲弓爲季氏宰，問政。子曰：先有司，赦小過，舉賢才。

曰：焉知賢才而舉之？子曰：舉爾所知。爾所不知，人其捨諸？

子路曰：衛君待子而爲政，子將奚先？

子曰：必也正名乎。

子路曰：有是哉，子之迂也！奚其正？

子曰。野哉由也。君子於其所不知。蓋闕如也。名不正。則言不順。言不順。則事不成。事不成。則禮樂不興。禮樂不興。則刑罰不中。刑罰不中。則民無所措手足。故君子名之必可言也。言之必可行也。君子於其言。無所苟而已矣。

樊遲請學稼。子曰。吾不如老農。請學爲圃。曰。吾不如老圃。

樊遲出。子曰。小人哉。樊須也。上好禮。則民莫敢不敬。上好義。則民莫敢不服。上好信。則

民莫敢不用情夫如是則四方之民襁負其子而至矣焉用稼

子曰誦詩三百授之以政不達使於四方不能專對雖多亦奚以爲

子曰其身正不令而行其身不正雖令不從

子曰魯衛之政兄弟也

子謂衛公子荆善居室始有曰苟合矣少有曰苟完矣富有曰苟美矣

子適衛冉有僕子曰庶矣哉

冉有曰。既庶矣。又何加焉。曰。富之。曰。既富矣。又何加焉。曰。教之。

子曰。苟有用我者。期月而已可也。三年有成。

子曰。善人爲邦百年。亦可以勝殘去殺矣。誠哉是言也。

子曰。如有王者。必世而後仁。

子曰。苟正其身矣。於從政乎何有。不能正其身。如正人何。

冉子退朝。子曰：何晏也。對曰：有政。子曰：其

事也。如有政，雖不吾以，吾其與聞之。

定公問：一言而可以興邦，有諸。

孔子對曰：言不可以若是其幾也。人之言

曰：爲君難，爲臣不易。如知爲君之難也，不幾

乎一言而興邦乎。

曰：一言而喪邦，有諸。

孔子對曰：言不可以若是其幾也。人之言

曰：予無樂乎爲君，唯其言而莫予違也。如其

善而莫之違也．不亦善乎．如不善而莫之違
也．不幾乎一言而喪邦乎．
葉公問政．子曰．近者說．遠者來．
子夏爲莒父宰．問政．子曰．無欲速．無見
小利．欲速則不達．見小利則大事不成．
葉公語孔子曰．吾黨有直躬者．其父攘羊．
而子證之．孔子曰．吾黨之直者異於是．父爲
子隱．子爲父隱．直在其中矣．
樊遲問仁．子曰．居處恭．執事敬．與人忠．雖

之夷狄，不可棄也。

子貢問曰：何如斯可謂之士矣？子曰：行己有恥，使於四方，不辱君命，可謂士矣。曰：敢問其次。曰：宗族稱孝焉，鄉黨稱弟焉。曰：敢問其次。曰：言必信，行必果，硜硜然小人哉！抑亦可以爲次矣。曰：今之從政者何如？子曰：噫！斗筲之人，何足算也。

子曰：不得中行而與之，必也狂狷乎！狂

者進取。狷者有所不爲也。

子曰。南人有言曰。人而無恒。不可以作巫醫。善夫。

不恒其德。或承之羞。子曰。不占而已矣。

子曰。君子和而不同。小人同而不和。

子貢問曰。鄉人皆好之。何如。子曰。未可也。鄉人皆惡之。何如。子曰。未可也。不如鄉人之善者好之。其不善者惡之。

子曰。君子易事而難説也。説之不以道。

不説也。及其使人也，器之。小人難事而易説也。説之雖不以道，説也；及其使人也，求備焉。」

子曰：「君子泰而不驕，小人驕而不泰。」

子曰：「剛、毅、木、訥近仁。」

子路問曰：「何如斯可謂之士矣？」子曰：「切切偲偲，怡怡如也，可謂士矣。朋友切切偲偲，兄弟怡怡。」

子曰：「善人教民七年，亦可以即戎矣。」

子曰：「以不教民戰，是謂棄之。」

# 憲問篇第十四

憲問恥。子曰。邦有道。穀。邦無道。穀。恥也。

克伐怨欲不行焉。可以爲仁矣。子曰。可以爲難矣。仁則吾不知也。

子曰。士而懷居。不足以爲士矣。

子曰。邦有道。危言危行。邦無道。危行言孫。

子曰。有德者必有言。有言者不必有德。仁者必有勇。勇者不必有仁。

南宮适問於孔子曰。羿善射。奡盪舟。俱

不得其死然。禹稷躬稼而有天下。夫子不答。

南宫適出。子曰。君子哉若人。尚德哉若人。

子曰。君子而不仁者有矣夫。未有小人而仁者也。

子曰。愛之。能勿勞乎。忠焉。能勿誨乎。

子曰。爲命。裨諶草創之。世叔討論之。行人子羽修飾之。東里子産潤色之。

或問子産。子曰。惠人也。

問子西。曰。彼哉。彼哉。

問管仲。曰。人也。奪伯氏駢邑三百。飯疏食。没齒無怨言。

子曰。貧而無怨難。富而無驕易。

子曰。孟公綽爲趙。魏老則優。不可以爲滕。薛大夫。

子路問成人。子曰。若臧武仲之知。公綽之不欲。卞莊子之勇。冉求之藝。文之以禮樂。亦可以爲成人矣。曰。今之成人者何必然。見利思義。見危授命。久要不忘平生之言。亦可以爲成人矣。

子問公叔文子於公明賈曰。信乎。夫子不言。不笑。不取乎。

公明賈對曰。以告者過也。夫子時然後言。人不厭其言。樂然後笑。人不厭其笑。義然後取。人不厭其取。

子曰。其然。豈其然乎。

子曰。臧武仲以防求爲後於魯。雖曰不要君。吾不信也。

子曰．晉文公譎而不正．齊桓公正而不譎．

子路曰．桓公殺公子糾．召忽死之．管仲不死．曰未仁乎．子曰．桓公九合諸侯．不以兵車．管仲之力也．如其仁．如其仁．

子貢曰．管仲非仁者與．桓公殺公子糾．不能死．又相之．子曰．管仲相桓公．霸諸侯．一匡天下．民到於今受其賜．微管仲．吾其披髮左衽矣．豈若匹夫匹婦之爲諒也．自經於溝瀆而莫之知也．

公叔文子之臣大夫僎。與文子同升諸
公。子聞之。曰可以爲文矣。
子言衛靈公之無道也。康子曰。夫如是。奚
而不喪。孔子曰。仲叔圉治賓客。祝鮀治宗廟。王
孫賈治軍旅。夫如是。奚其喪。
子曰。其言之不怍。則爲之也難。
陳成子弑簡公。孔子沐浴而朝。告於哀公
曰。陳恒弑其君。請討之。公曰。告夫三子。
孔子曰。以吾從大夫之後。不敢不告也。君

曰告夫三子者之三子告不可孔子曰以吾從大夫之後不敢不告也

子路問事君子曰勿欺也而犯之

子曰君子上達小人下達

子曰古之學者爲己今之學者爲人

蘧伯玉使人於孔子孔子與之坐而問焉曰夫子何爲對曰夫子欲寡其過而未能也使者出子曰使乎使乎

子曰。不在其位。不謀其政。

曾子曰。君子思不出其位。

子曰。君子恥其言而過其行。

子曰。君子道者三。我無能焉。仁者不憂。知者不惑。勇者不懼。子貢曰。夫子自道也。

子貢方人。子曰。賜也賢乎哉。夫我則不暇。

子曰。不患人之不己知。患其不能也。

子曰。不逆詐。不億不信。抑亦先覺者。是賢乎。

微生畝謂孔子曰。丘何爲是棲棲者與。無乃爲佞乎。孔子曰。非敢爲佞也。疾固也。

子曰。驥不稱其力。稱其德也。

或曰。以德報怨。何如。子曰。何以報德。以直報怨。以德報德。

子曰。莫我知也夫。子貢曰。何爲其莫知子也。子曰。不怨天。不尤人。下學而上達。知我者其天乎。

公伯寮愬子路於季孫。子服景伯以告。曰。

夫子固有惑志於公伯寮。吾力猶能肆諸市朝。

子曰。道之將行也與。命也。道之將廢也與。命也。公伯寮其如命何。

子曰。賢者辟世。其次辟地。其次辟色。其次辟言。

子曰。作者七人矣。

子路宿於石門。晨門曰。奚自。子路曰。自孔氏。曰。是知其不可而爲之者與。

子擊磬於衛。有荷蕢而過孔氏之門者。曰。

有心哉擊磬乎既而曰鄙哉硜硜乎莫己知也斯己而已矣深則厲淺則揭

子曰果哉末之難矣

子張曰書云高宗諒陰三年不言何謂也子曰何必高宗古之人皆然君薨百官總己以聽於冢宰三年

子曰上好禮則民易使也

子路問君子子曰修己以敬曰如斯而已乎曰修己以安人

曰。如斯而已乎。曰。修己以安百姓。修己以安百姓。堯舜其猶病諸。

原壤夷俟。子曰。幼而不孫弟。長而無述焉。老而不死。是爲賊。以杖叩其脛。

闕黨童子將命。或問之曰。益者與。子曰。吾見其居於位也。見其與先生并行也。非求益者也。欲速成者也。

# 衛靈公篇第十五

衛靈公問陳於孔子。孔子對曰。俎豆之事。
則嘗聞之矣。軍旅之事。未之學也。明日遂行。
在陳絶糧。從者病。莫能興。子路愠見曰。君
子亦有窮乎。子曰。君子固窮。小人窮斯濫矣。
子曰。賜也。女以予爲多學而識之者與。對
曰。然。非與。曰非也。予一以貫之。
子曰。由。知德者鮮矣。
子曰。無爲而治者其舜也與。夫何爲哉。恭

己正南面而已矣。

子張問行。子曰。言忠信。行篤敬。雖蠻貊之邦行矣。言不忠信。行不篤敬。雖州里行乎哉。立則見其參於前也。在輿則見其倚於衡也。夫然後行。子張書諸紳。

子曰。直哉史魚。邦有道。如矢。邦無道。如矢。君子哉蘧伯玉。邦有道。則仕。邦無道。則可卷而懷之。

子曰。可與言而不與之言。失人。不可與

言而與之言。失言。知者不失人。亦不失言。

子曰。志士仁人。無求生以害仁。有殺身以成仁。

子貢問爲仁。子曰。工欲善其事。必先利其器。居是邦也。事其大夫之賢者。友其士之仁者。

顔淵問爲邦。子曰。行夏之時。乘殷之輅。服周之冕。樂則韶舞。放鄭聲。遠佞人。鄭聲淫。佞人殆。

子曰。人無遠慮。必有近憂。

子曰：已矣乎！吾未見好德如好色者也。

子曰：臧文仲其竊位者與！知柳下惠之賢而不與立也。

子曰：躬自厚而薄責於人，則遠怨矣。

子曰：不曰「如之何，如之何」者，吾末如之何也已矣。

子曰：群居終日，言不及義，好行小慧，難矣哉！

子曰：君子義以爲質，禮以行之，孫以出之，信以成之。君子哉！

子曰：君子病無能焉，不病人之不己知也。

子曰：君子疾沒世而名不稱焉。

子曰：君子求諸己，小人求諸人。

子曰：君子矜而不爭，群而不黨。

子曰：君子不以言舉人，不以人廢言。

子貢問曰：有一言而可以終身行之者乎？子曰：其恕乎！己所不欲，勿施於人。

子曰：吾之於人也，誰毀誰譽？如有所譽者，其有所試矣。斯民也，三代之所以直道而行也。

子曰。吾猶及史之闕文也。有馬者借人乘之。今亡矣夫。

子曰。巧言亂德。小不忍。則亂大謀。

子曰。衆惡之。必察焉。衆好之。必察焉。

子曰。人能弘道。非道弘人。

子曰。過而不改。是謂過矣。

子曰。吾嘗終日不食。終夜不寢。以思。無益。不如學也。

子曰。君子謀道不謀食。耕也。餒在其中矣。

學也．祿在其中矣．君子憂道不憂貧．

子曰．知及之．仁不能守之．雖得之．必失之．知及之．仁能守之．不莊以涖之．則民不敬．知及之．仁能守之．莊以涖之．動之不以禮．未善也．

子曰．君子不可小知．而可大受也．小人不可大受．而可小知也．

子曰．民之於仁也．甚於水火．水火．吾見蹈而死者矣．未見蹈仁而死者也．

子曰．當仁．不讓於師．

子曰君子貞而不諒。

子曰事君敬其事而後其食。

子曰有教無類。

子曰道不同不相爲謀。

子曰辭達而已矣。

師冕見及階子曰階也及席子曰席也皆坐子告之曰某在斯某在斯。

師冕出子張問曰與師言之道與子曰然固相師之道也。

# 季氏篇第十六

季氏將伐顓臾。冉有季路見於孔子曰：季氏將有事於顓臾。

孔子曰：求，無乃爾是過與？夫顓臾，昔者先王以爲東蒙主，且在邦域之中矣，是社稷之臣也。何以伐爲？

冉有曰：夫子欲之，吾二臣者皆不欲也。

孔子曰：求，周任有言曰：陳力就列，不能者止。危而不持，顛而不扶，則將焉用彼相矣？且

爾言過矣。虎兕出於柙。龜玉毀於櫝中。是誰
之過與。
冉有曰。今夫顓臾。固而近於費。今不取。後
世必爲子孫憂。
孔子曰。求。君子疾夫捨曰欲之而必爲之
辭。丘也聞有國有家者。不患寡而患不均。不
患貧而患不安。蓋均無貧。和無寡。安無傾。夫
如是。故遠人不服。則修文德以來之。既來之。則
安之。今由與求也。相夫子。遠人不服而不能

來也。邦分崩離析。而不能守也。而謀動干戈於邦內。吾恐季孫之憂。不在顓臾。而在蕭牆之內也。

孔子曰。天下有道。則禮樂征伐自天子出。天下無道。則禮樂征伐自諸侯出。自諸侯出。蓋十世希不失矣。自大夫出。五世希不失矣。陪臣執國命。三世希不失矣。天下有道。則政不在大夫。天下有道。則庶人不議。

孔子曰。祿之去公室五世矣。政逮於大夫

四世矣。故夫三桓之子孫，微矣。

孔子曰：益者三友，損者三友。友直，友諒，友多聞，益矣。友便辟，友善柔，友便佞，損矣。

孔子曰：益者三樂，損者三樂。樂節禮樂，樂道人之善，樂多賢友，益矣。樂驕樂，樂佚游，樂晏樂，損矣。

孔子曰：侍於君子有三愆：言未及之而言謂之躁，言及之而不言謂之隱，未見顏色而言謂之瞽。

孔子曰。君子有三戒。少之時。血氣未定。戒之在色。及其壯也。血氣方剛。戒之在鬥。及其老也。血氣既衰。戒之在得。

孔子曰。君子有三畏。畏天命。畏大人。畏聖人之言。小人不知天命而不畏也。狎大人。侮聖人之言。

孔子曰。生而知之者上也。學而知之者次也。困而學之。又其次也。困而不學。民斯爲下矣。

孔子曰。君子有九思。視思明。聽思聰。色

思溫。貌思恭。言思忠。事思敬。疑思問。忿思難。見得思義。

孔子曰。見善如不及。見不善如探湯。吾見其人矣。吾聞其語矣。隱居以求其志。行義以達其道。吾聞其語矣。未見其人也。

齊景公有馬千駟。死之日。民無德而稱焉。伯夷叔齊餓於首陽之下。民到於今稱之。其斯之謂與。

陳亢問於伯魚曰。子亦有異聞乎。

對曰未也嘗獨立鯉趨而過庭曰學詩乎對曰未也不學詩無以言鯉退而學詩他日又獨立鯉趨而過庭曰學禮乎對曰未也不學禮無以立鯉退而學禮聞斯二者

陳亢退而喜曰問一得三聞詩聞禮又聞君子之遠其子也

邦君之妻君稱之曰夫人夫人自稱曰小童邦人稱之曰君夫人稱諸异邦曰寡小君異邦人稱之亦曰君夫人

陽貨篇第十七

陽貨欲見孔子，孔子不見，歸孔子豚。孔子時其亡也，而往拜之。遇諸塗。謂孔子曰：來，予與爾言。曰：懷其寶而迷其邦，可謂仁乎？曰：不可。好從事而亟失時，可謂知乎？曰：不可。日月逝矣，歲不我與。孔子曰：諾，吾將仕矣。

子曰：性相近也，習相遠也。

子曰。唯上知與下愚不移。

子之武城。聞弦歌之聲。夫子莞爾而笑曰。割鷄焉用牛刀。

子游對曰。昔者偃也聞諸夫子曰。君子學道則愛人。小人學道則易使也。

子曰。二三子。偃之言是也。前言戲之耳。

公山弗擾以費畔。召。子欲往。

子路不說曰。末之也已。何必公山氏之之也。

子曰。夫召我者。而豈徒哉。如有用我者。吾其爲東周乎。

子張問仁於孔子。孔子曰：能行五者於天下爲仁矣。請問之。曰：恭、寬、信、敏、惠。恭則不侮，寬則得衆，信則人任焉，敏則有功，惠則足以使人。

佛肸召，子欲往。子路曰：昔者由也聞諸夫子曰：親於其身爲不善者，君子不入也。佛肸以中牟畔，子之往也，如之何。

子曰。然。有是言也。不曰堅乎。磨而不磷。不曰白乎。涅而不緇。吾豈匏瓜也哉。焉能繫而不食。

子曰。由也。汝聞六言六蔽矣乎。對曰。未也。居。吾語女。好仁不好學。其蔽也愚。好知不好學。其蔽也蕩。好信不好學。其蔽也賊。好直不好學。其蔽也絞。好勇不好學。其蔽也亂。好剛不好學。其蔽也狂。

子曰。小子何莫學夫詩。詩。可以興。可以觀。

可以群。可以怨。邇之事父。遠之事君。多識於鳥獸草木之名。

子謂伯魚曰。女爲周南召南矣乎。人而不爲周南召南。其猶正墻面而立也與。

子曰。禮云禮云。玉帛云乎哉。樂云樂云。鐘鼓云乎哉。

子曰。色厲而内荏。譬諸小人。其猶穿窬之盜也與。

子曰。鄉愿。德之賊也。

子曰。道聽而塗說。德之棄也。

子曰。鄙夫可與事君也與哉。其未得之也。患得之。既得之。患失之。苟患失之。無所不至矣。

子曰。古者民有三疾。今也或是之亡也。古之狂也肆。今之狂也蕩。古之矜也廉。今之矜也忿戾。古之愚也直。今之愚也詐而已矣。

子曰。巧言令色。鮮矣仁。

子曰。惡紫之奪朱也。惡鄭聲之亂雅樂也。惡利口之覆邦家者。

子曰。予欲無言。子貢曰。子如不言。則小子何述焉。子曰。天何言哉。四時行焉。百物生焉。天何言哉。

孺悲欲見孔子。孔子辭以疾。將命者出户。取瑟而歌。使之聞之。

宰我問。三年之喪。期已久矣。君子三年不爲禮。禮必壞。三年不爲樂。樂必崩。舊穀既没。新穀既升。鑽燧改火。期可已矣。

子曰。食夫稻。衣夫錦。於女安乎。

曰安。

女安則爲之。夫君子之居喪。食旨不甘。聞樂不樂。居處不安。故不爲也。今女安則爲之。

宰我出。子曰。予之不仁也。子生三年。然後免於父母之懷。夫三年之喪。天下之通喪也。予也有三年之愛於其父母乎。

子曰。飽食終日。無所用心。難矣哉。不有博弈者乎。爲之。猶賢乎已。

子路曰。君子尚勇乎。子曰。君子義以爲上。

君子有勇而無義爲亂，小人有勇而無義爲盜。

子貢曰：君子亦有惡乎？子曰：有惡。惡稱人之惡者，惡居下流而訕上者，惡勇而無禮者，惡果敢而窒者。

曰：賜也亦有惡乎？惡徼以爲知者，惡不孫以爲勇者，惡訐以爲直者。

子曰：唯女子與小人爲難養也，近之則不孫，遠之則怨。

子曰：年四十而見惡焉，其終也已。

# 微子篇第十八

微子去之。箕子爲之奴。比干諫而死。孔子曰。殷有三仁焉。

柳下惠爲士師。三黜。人曰。子未可以去乎。曰。直道而事人。焉往而不三黜。枉道而事人。何必去父母之邦。

齊景公待孔子曰。若季氏。則吾不能。以季孟之間待之。曰。吾老矣。不能用也。孔子行。

齊人歸女樂，季桓子受之，三日不朝，孔子行。

楚狂接輿歌而過孔子曰：鳳兮鳳兮，何德之衰。往者不可諫，來者猶可追。已而，已而，今之從政者殆而。

孔子下，欲與之言。趨而辟之，不得與之言。

長沮、桀溺耦而耕，孔子過之，使子路問津焉。長沮曰：夫執輿者爲誰。子路曰：爲孔丘。曰：是魯孔丘與。

曰是也。

曰是知津矣。

問於桀溺。

桀溺曰子爲誰。

曰爲仲由。

曰是魯孔丘之徒與。

對曰然。

曰滔滔者天下皆是也。而誰以易之。且

而與其從辟人之士也。豈若從辟世之士哉。耰而不輟。

子路行以告。

夫子憮然曰。鳥獸不可與同群。吾非斯人之徒與而誰與。天下有道。丘不與易也。

子路從而後。遇丈人。以杖荷蓧。

子路問曰。子見夫子乎。

丈人曰。四體不勤。五穀不分。孰爲夫子。植其杖而耘。

子路拱而立。

止子路宿。殺鷄爲黍而食之。見其二子焉。

明日。子路行以告。

子曰。隱者也。使子路反見之。至。則行矣。

子路曰。不仕無義。長幼之節。不可廢也。君臣之義。如之何其廢之。欲潔其身。而亂大倫。君子之仕也。行其義也。道之不行。已知之矣。

逸民。伯夷。叔齊。虞仲。夷逸。朱張。柳下惠。少連。子曰。不降其志。不辱其身。伯夷。叔齊與。謂柳下惠。少連。降志辱身矣。言中倫。行中慮。其斯而已矣。謂虞仲。夷逸。隱居放言。身中清。廢中權。我則異於是。無可無不可。

大師摯適齊。亞飯干適楚。三飯繚適蔡。四飯缺適秦。鼓方叔入於河。播鼗武入於漢。少師陽。擊磬襄入於海。

周公謂魯公曰。君子不施其親。不使大臣怨乎不以。故舊無大故。則不棄也。無求備於一人。

周有八士。伯達。伯适。仲突。仲忽。叔夜。叔夏。季隨。季騧。

子張篇第十九

子張曰。士見危致命。見得思義。祭思敬。喪思哀。其可已矣。

子張曰。執德不弘。信道不篤。焉能爲有。焉能爲亡。

子夏之門人問交於子張。子張曰。子夏云何。對曰。子夏曰。可者與之。其不可者拒之。子張曰。異乎吾所聞。君子尊賢而容衆。嘉善而矜不能。我之大賢與。於人何所不容。我之不賢與，人將拒我，如之何其拒人也。

子夏曰：雖小道，必有可觀者焉，致遠恐泥，是以君子不爲也。

子夏曰：日知其所亡，月無忘其所能，可謂好學也已矣。

子夏曰：博學而篤志，切問而近思，仁在其中矣。

子夏曰：百工居肆以成其事，君子學以致其道。

子夏曰。小人之過也必文。

子夏曰。君子有三變。望之儼然。即之也温。聽其言也厲。

子夏曰。君子信而後勞其民。未信。則以爲厲己也。信而後諫。未信。則以爲謗己也。

子夏曰。大德不逾閑。小德出入可也。

子游曰。子夏之門人小子。當灑掃應對進退。則可矣。抑末也。本之則無。如之何。

子夏聞之。曰。噫。言游過矣。君子之道。

孰先傳焉。孰後倦焉。譬諸草木，區以別矣。君子之道，焉可誣也。有始有卒者，其惟聖人乎。

子夏曰：仕而優則學，學而優則仕。

子游曰：喪致乎哀而止。

子游曰：吾友張也爲難能也，然而未仁。

曾子曰：堂堂乎張也，難與并爲仁矣。

曾子曰：吾聞諸夫子，人未有自致者也，必也親喪乎。

曾子曰：吾聞諸夫子：孟莊子之孝也，其他可能也；其不改父之臣與父之政，是難能也。

孟氏使陽膚爲士師，問於曾子。曾子曰：上失其道，民散久矣。如得其情，則哀矜而勿喜。

子貢曰：紂之不善，不如是之甚也。是以君子惡居下流，天下之惡皆歸焉。

子貢曰：君子之過也，如日月之食焉：過也，人皆見之；更也，人皆仰之。

衛公孫朝問於子貢曰：仲尼焉學？子貢

曰：文武之道，未墜於地，在人。賢者識其大者，不賢者識其小者，莫不有文武之道焉。夫子焉不學？而亦何常師之有？

叔孫武叔語大夫於朝曰：子貢賢於仲尼。

子服景伯以告子貢。

子貢曰：譬之宫墻，賜之墻也及肩，窺見室家之好。夫子之墻數仞，不得其門而入，不見宗廟之美，百官之富。得其門者或寡矣。夫子之云，不亦宜乎。

叔孫武叔毀仲尼。子貢曰。無以爲也。仲尼不可毀也。他人之賢者。丘陵也。猶可踰也。仲尼。日月也。無得而踰焉。人雖欲自絶。其何傷於日月乎。多見其不知量也。

陳子禽謂子貢曰。子爲恭也。仲尼豈賢於子乎。

子貢曰。君子一言以爲知。一言以爲不知。言不可不慎也。夫子之不可及也。猶天之不可階而升也。夫子之得邦家者。所謂立之斯立。道之斯行，綏之斯來，動之斯和。其生也榮，其死也哀。如之何其可及也。」

# 堯曰篇第二十

堯曰．咨爾舜．天之歷數在爾躬．允執其中．四海困窮．天禄永終．舜亦以命禹．曰．予小子履．敢用玄牡．敢昭告於皇皇後帝．有罪不敢赦．帝臣不蔽．簡在帝心．朕躬有罪．無以萬方．萬方有罪．罪在朕躬．周有大賚．善人是富．雖有周親．不如仁人．百姓有過．在予一人．謹權量．審法度．修廢官．四方之政行焉．興滅國。繼絶世。舉逸民。天下之民歸心焉。
所重。民。食。喪。祭。
寬則得衆。信則民任焉。敏則有功。公則説。
子張問於孔子曰。何如斯可以從政矣。
子曰。尊五美。屏四惡。斯可以從政矣。
子張曰。何謂五美。
子曰。君子惠而不費。勞而不怨。欲而不貪。
泰而不驕。威而不猛。
子張曰。何謂惠而不費。

子曰。因民之所利而利之。斯不亦惠而不費乎。擇可勞而勞之。又誰怨。欲仁而得仁。又焉貪。君子無衆寡。無小大。無敢慢。斯不亦泰而不驕乎。君子正其衣冠。尊其瞻視。儼然人望而畏之。斯不亦威而不猛乎。

子張曰。何謂四惡。

子曰。不教而殺謂之虐。不戒視成謂之暴。慢令致期謂之賊。猶之與人也。出納之吝謂之有司。

孔子曰：不知命，無以爲君子也；不知禮，無以立也；不知言，無以知人也。

**圖書在版編目（CIP）數據**

論語 / 北京華夏文化藝術研究院選編 . -- 北京 ：文物出版社，2020.6（2021.6 重印）
（華夏傳統文化經典系列）
ISBN 978-7-5010-6696-4

Ⅰ . ①論… Ⅱ . ①北… Ⅲ . ①儒家②《論語》－青少年讀物 Ⅳ . ① B222.2-49

中國版本圖書館 CIP 數據核字（2020）第 089108 號

**華夏傳統文化經典系列：論語**

選　　編：北京華夏文化藝術研究院

策　　劃：北京華夏文化藝術研究院
責任編輯：劉永海
責任印製：蘇　林
封面設計：石　冰　鐘尊朝

出版發行：文物出版社
地　　址：北京市東城區東直門内北小街 2 號樓
郵　　編：100007
網　　址：http://www.wenwu.com
經　　銷：新華書店
印　　刷：三河市華東印刷有限公司
開　　本：710mm×1000mm　1/16
印　　張：10.25
版　　次：2020 年 6 月第 1 版
印　　次：2021 年 6 月第 2 次印刷
書　　號：ISBN 978-7-5010-6696-4
定　　價：358.00 元（全十册）